BEI GRIN MACHT SICH IHR WISSEN BEZAHLT

- Wir veröffentlichen Ihre Hausarbeit,
  Bachelor- und Masterarbeit

- Ihr eigenes eBook und Buch -
  weltweit in allen wichtigen Shops

- Verdienen Sie an jedem Verkauf

Jetzt bei www.GRIN.com hochladen
und kostenlos publizieren

Persönlichkeit in Personalauswahl, Dunkle Triade, Intelligenz und deren Messung

Eva Hagel

Bibliografische Information der Deutschen Nationalbibliothek:

Die Deutsche Nationalbibliothek verzeichnet diese Publikation in der Deutschen Nationalbibliografie; detaillierte bibliografische Daten sind im Internet über http://dnb.d-nb.de abrufbar.

ISBN: 9783346867896
Dieses Buch ist auch als E-Book erhältlich.

Druck und Bindung: Books on Demand GmbH, Norderstedt Germany
Gedruckt auf säurefreiem Papier aus verantwortungsvollen Quellen

Das vorliegende Werk wurde sorgfältig erarbeitet. Dennoch übernehmen Autoren und Verlag für die Richtigkeit von Angaben, Hinweisen, Links und Ratschlägen sowie eventuelle Druckfehler keine Haftung.

Das Buch bei GRIN: https://www.grin.com/document/1353715

Einsendeaufgabe

Aufgabennummer: A

SRH Fernhochschule

Modul:

Persönlichkeitspsychologie

Verfasserin:

Eva Hagel

Inhalt

Abbildungsverzeichnis

1   Identifikation und Bedeutung der Persönlichkeit in Personalauswahl und Personalentwicklung

Einzigartig – ein schimmerndes Wort und meist gerne gehört. Selten wird in der Wissenschaftswelt bei einem Thema von absoluter Sicherheit gesprochen – doch in diesem
Bereich trifft es zu: Die Einzigartigkeit eines jeden Menschen.

Diese Einzigartigkeit, welche vor allem in der Persönlichkeitspsychologie erforscht wird,
macht das Zusammenleben vielfältig, bunt und aufregend und birgt zugleich Risiken.
Denn aufgrund dieser Individualität möchten auch die einzigartigen, persönlichen Wün-
sche und Ziele Befriedigung erfahren. Die Herausforderung im Familienleben, Freundes-
kreis oder Schul- und Arbeitswelt besteht darin, eine breite Basis, einen gemeinsamen
Nenner für alle zu finden und zu schaffen und trotzdem die einzigartige Persönlichkeit
jedes Einzelnen zu würdigen und ihr gerecht zu werden.

Gerade im Arbeitsleben gelangt die Persönlichkeitsforschung zu praktischem Nutzen,
denn es ist für Beschäftigte, Führungskräfte und für die Erfolgsaussicht des ganzen Unternehmens wichtig, mit Augenmerk auf die unterschiedlichen Persönlichkeiten, Strate-
gien zu entwickeln, die zu einer weitestgehenden Zufriedenheit für alle Beteiligten führen
(Jung, 2014, S. 3).

1.1   Erläuterung Persönlichkeit

Wie wird ein Mensch zu dem, was er ist und warum verhält er sich auf eine bestimmte
Weise? Diesen Fragen geht die Differentielle Psychologie beziehungsweise die Persönlichkeitspsychologie nach. Streng genommen beschäftigt sich die Differentielle Psychologie mit den Unterschieden zwischen Individuen sowie den Differenzen innerhalb einer
Person, während die Persönlichkeitspsychologie den Fokus auf die Untersuchung des
gemeinsamen Wirkens von Einzelkomponenten wie beispielsweise Eigenschaften, Fähigkeiten und persönliche Ziele legt. Da international meist Persönlichkeitspsychologie
als Oberbegriff verwendet wird, wird dies hier ebenso gehandhabt (Laux & Renner, 2015,
S. 209–210).

Den umfassenden Begriff „Persönlichkeit" prägte der berühmte US-amerikanische Psy-
chologe Gordon Allport (1897-1967), wobei nicht restlos geklärt werden kann, welche
etymologischen Wurzeln der Begriff besitzt. Eine Erklärung leitet sich unter anderem

vom lateinischen Wort „persona" ab, was „Maske" im schauspielerischen Bezug bedeutet (Rauthmann, 2017, S. 5). Allport verfolgte das Ziel, eine möglichst exakte Beschreibung der persönlichen Einzigartigkeit ohne eine (Be)Wertung zu generieren. Vor seiner Zeit waren Begriffe wie „Charakter" oder „Temperament" gebräuchlich, um Eigenschaften von Personen zu beschreiben (Maltby, Day & Macaskill, 2011, S. 44–45). Bei diesen Eigenschaften geht es beispielsweise um die Ausprägung von Angst, Zufriedenheit, Durchsetzungsvermögen, Vertrauen, Leistungsstreben, Frohsinn und Offenheit (Maltby et al., 2011, S. 49).

Eine allgemein anerkannte Definition von Persönlichkeit liegt zum derzeitigen Zeitpunkt noch nicht vor. Eine Definition laut Myers (2014) besagt, dass Persönlichkeit „das für ein Individuum charakteristische Muster des Denkens, Fühlens und Handelns" ist (Myers, 2014, S. 552), wobei andere Forschende auch noch die individuelle körperliche Erscheinung in die Definition mit einbeziehen (Neyer & Asendorpf, 2018, S. 2). Ähnlich definiert es Pervin (1987): *„Persönlichkeit repräsentiert solche Eigenschaften einer Person oder der Menschen generell, die ein beständiges Verhaltensmuster ausmachen."* (Pervin & Schäfer-Killius, 1987, S. 15).

Dieses charakteristische Muster, was eine gewisse Regelmäßigkeit beschreibt, kann und muss sich entsprechenden Lebensveränderungen anpassen. Somit ist Persönlichkeit als dynamischer Prozess zu verstehen, im Laufe dessen neben übergeordneten, relativ stabilen Strukturen mit einer Art Feintuning nachjustiert werden kann. Sie setzt sich sowohl aus genetischen Komponenten, als auch aus internen (Informationsverarbeitung, Gewohnheiten) und externen Faktoren (Familie, Beruf, Kultur, Medien) zusammen, wobei die Beziehung Mensch – Umwelt eine wechselseitige Beeinflussung beinhaltet. Die Erforschung dieser komplexen Interaktion psychischer, physischer und umweltbezogener Faktoren, welche in einem sichtbaren Verhalten mündet, stellt sich als derart umfassend dar, dass es keine einfache Antwort geben kann (Jung, 2014, S. 7; Maltby et al., 2011, S. 40).

Persönlichkeit ist also ein hypothetisches Konstrukt, welches nicht direkt gemessen werden kann, sondern über operationalisierte Faktoren beobachtet und erschlossen werden muss - was unter Einhaltung wissenschaftlicher Gütekriterien geschehen muss. Dabei ist das Ziel der Persönlichkeitspsychologie das Beschreiben der Persönlichkeitsmerkmale, das Erfassen und Erklären der Unterschiede sowie das Vorhersagen der sozialen, persönlichen oder beruflichen Folgen dieser Unterschiede. Fakt ist, dass Persönlichkeit die Art zu denken und zu handeln beeinflusst und sich darin widerspiegelt (Maltby et al., 2011, S. 41; Rauthmann, 2017, S. 7).

Die Wissenschaft versucht mittels verschiedener Ansätze, Modellen und Theorien dem Konstrukt Persönlichkeit Struktur zu verleihen und Menschen nach Typen zu sortieren. Das heißt, sie zu relativ homogenen Gruppen zusammenzufassen, „die ähnliche Ausprägungen auf einem oder mehreren Merkmalen (=Profil) besitzen" (Rauthmann, 2016, S. 4). Bisher konnte jedoch noch keine eindeutig präzise und allgemeingültige Ordnung ausgemacht und festgelegt werden (Maltby et al., 2011, S. 40).

1.2 Big Five-Modell

Neben weiteren Persönlichkeitstheorien existiert unter anderem der eigenschaftsbezogene und biologische Ansatz. Dessen Ziel besteht darin, überdauernde Merkmale herauszukristallisieren, anhand derer Menschen unterschieden und eingeordnet werden können, um daraus wiederum für relevante Herausforderungen der heutigen Zeit wie zum Beispiel für betriebliche Personalauswahl und -entwicklung Nutzen ziehen zu können. Die Wurzeln dieses Ansatzes liegen im 5. Jahrhundert vor Christus bei Hippokrates (460-377 v. Chr.), der bereits damals vier Temperamentstypen differenzierte: „Sanguiniker, Phlegmatiker, Choleriker und Melancholiker" (Laux & Renner, 2015, S. 215). Diesen Ansatz, Persönlichkeitstypen Kategorien zuzuweisen, griffen seitdem verschiedene Forschende immer wieder auf und entwickelten ihn weiter. So hat Wilhelm Wundt (1832-1920) die Persönlichkeitstypen durch Persönlichkeitseigenschaftsdimensionen ersetzt. Das bedeutet, dass Eigenschaften als relativ zeitstabil und als relativ situationsstabil anzusehen sind. Auch wenn sich Menschen in unterschiedlichen Situationen verschieden verhalten, ist dennoch eine gewisse Konsistenz im Verhalten zu erkennen (Maltby et al., 2011, S. 291–292). Darauf aufbauend entwickelten zahlreiche Wissenschaftler*innen Theorien und Modelle, um die Persönlichkeit der Menschen zu erfassen und daraus Vorhersagen abzuleiten.

Auf dieser Basis und weiteren Vorarbeiten kreierten die Forscher Paul Costa und Robert McCrae (1949) einen Eigenschaftsansatz, der auf einer lexikalischen Analyse (Beschreiben von Persönlichkeitsmerkmalen mittels tausenden Adjektiven) beruht und fünf große Bereiche von Persönlichkeitseigenschaften abdeckt – die sogenannten „Big Five": Gewissenhaftigkeit, Verträglichkeit, Neurotizismus, Offenheit für Erfahrung und Extraversion (Laux & Renner, 2015, S. 223; Myers, 2014, S. 574). Im Englischen auch bekannt als „OCEAN" – „Openess, Conscientiousness, Extraversion, Agreeableness, Neuroticism" (Laux & Renner, 2015, S. 223).

Gewissenhaftigkeit beschreibt eine ordentliche, verlässliche und fleißige Eigenschaft. Verträglichkeit beschreibt zwischenmenschliches Verhalten und Neurotizismus bezieht sich auf emotionale Stabilität. Offenheit für Erfahrungen steht für vielseitiges Interesse und intellektuelle Neugier und Extraversion kennzeichnet eine aktive, nach außen gerichtete Art. Bei einer niedrigen Ausprägung sind gegenteilige Zuschreibungen einzusetzen (Schmukle, 2023). Bei der Erarbeitung dieses Fünf–Faktoren-Modells (FFM) haben sich Costa und McCrae auf Daten anderer Forschenden gestützt und diese analysiert. Zu den fünf genannten Hauptdimensionen ihrer Persönlichkeitsstruktur gehören jeweils sechs untergeordnete Persönlichkeitseigenschaften (=Facetten), was für ein engmaschigeres Bild der Persönlichkeit sorgt (Maltby et al., 2011, S. 321; Saum-Aldehoff, 2007, S. 41).

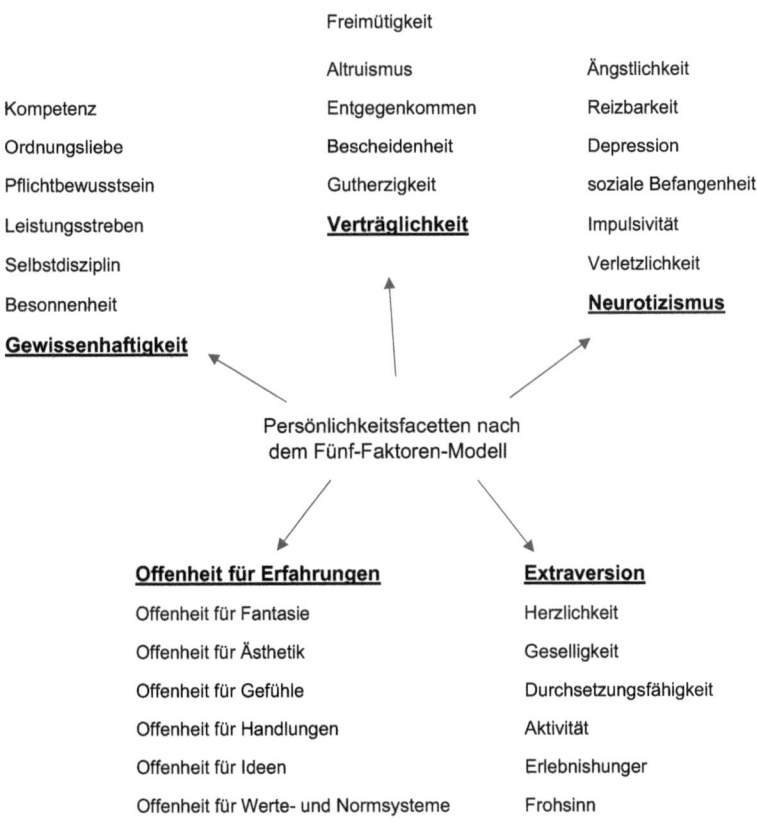

	Freimütigkeit	
	Altruismus	Ängstlichkeit
Kompetenz	Entgegenkommen	Reizbarkeit
Ordnungsliebe	Bescheidenheit	Depression
Pflichtbewusstsein	Gutherzigkeit	soziale Befangenheit
Leistungsstreben	**Verträglichkeit**	Impulsivität
Selbstdisziplin		Verletzlichkeit
Besonnenheit		**Neurotizismus**
Gewissenhaftigkeit		

Persönlichkeitsfacetten nach
dem Fünf-Faktoren-Modell

Offenheit für Erfahrungen	**Extraversion**
Offenheit für Fantasie	Herzlichkeit
Offenheit für Ästhetik	Geselligkeit
Offenheit für Gefühle	Durchsetzungsfähigkeit
Offenheit für Handlungen	Aktivität
Offenheit für Ideen	Erlebnishunger
Offenheit für Werte- und Normsysteme	Frohsinn

Abb.: 1   Persönlichkeitsfacetten nach dem Fünf-Faktoren-Modell

Quelle: Eigene Darstellung in Anlehnung an Matlby et al, 2011, S. 323

Um die Persönlichkeitseigenschaften an den Menschen direkt zu erfassen, haben Costa und McCrae einen Fragebogen entwickelt – der „NEO-Personality-Inventory" (=NEO-PI-R), welcher 240 Aussagen auf einer jeweils fünfstufigen Skala beinhaltet. Der Test kann zur Selbst – oder Fremdbeurteilung eingesetzt werden (Andresen & Beauducel, 2008, S. 543; Saum-Aldehoff, 2007, S. 41). Das Big Five Modell nach Costa und McCrae hat sich relativ erfolgreich in der Wissenschaftswelt etabliert, doch sind auch kritische Stimmen zu vernehmen. Demnach ist auf der negativen Seite zu verbuchen, dass ein situationsbedingter Einfluss vernachlässigt wird und es keine Informationen zum wechselseitigen Zusammenspiel der einzelnen Elemente gibt. Zudem wird ein Bezug zur Physiologie des Menschen vermisst. Dem gegenüber steht der positive Aspekt, dass mit diesem Modell ein länderübergreifender einheitlicher Rahmen existiert, auf den sich Forschung und praktische Anwendung – beispielsweise Personalauswahl und Personalentwicklung - stützen kann. Denn bisher konnte die Forschung noch kein Modell entwickeln, was die Komplexität einer menschlichen Persönlichkeit allumfassend beschreiben, erklären und widerspiegeln kann (Laux & Renner, 2015, S. 224; Saum-Aldehoff, 2007, S. 44).

1.3 DISG-Modell

Ein weiteres Verfahren, welches in der Praxis häufig Anwendung findet, ist das DISG-Verfahren. Es basiert auf den Forschungsergebnissen von William Moulton Marston (1893 - 1947), die der Forscher John Geier (1934 – 2009) aufgriff und daraufhin zusammen mit weiteren Forschenden das persolog Persönlichkeitsprofil (DISG-Modell) entwickelte. Dieses Modell „verbindet ein psychologisches Wahrnehmungsmodell mit einem Handlungsmodell und ist ein Instrument zur situativen Verhaltensmessung." (Gay, Ott & Wittmann, 2006, S. 160; Jung, 2014, S. 43). Das bedeutet, dass das Verfahren versucht, die Wahrnehmung einer Person in einer bestimmten Situation plus die darauffolgende Reaktion zu erfassen. Laut DISG-Persönlichkeitsprofil ergeben sich vier verschiedene Verhaltensdimensionen mit jeweiligen Stärken und Schwächen:

D – Dominanz (extravertiert, aufgabenorientiert – unsensibel, teamungeeignet)

I – Initiative (kontaktfreudig, optimistisch – inkonsequent, zu impulsiv)

S – Stetigkeit (unterstützend, konzentriert – unentschlossen, zu nachsichtig)

G – Gewissenhaftigkeit (diplomatisch, anpassungsfähig – empfindlich, pessimistisch)

Aufgrund der individuellen Kombinationsmöglichkeiten ergeben sich 20 verschiedene Mischformen, die eine Aussage über die Verhaltenstendenz einer Person zu treffen versuchen. Kaum ein Mensch lässt sich nur einem Verhaltensstil zuordnen, meist gibt es Mischtypen mit bis zu drei Verhaltenstendenzen (Gay et al., 2006, S. 162; Jung, 2014, S. 45). Allerdings bleibt eine Zuordnung zu einem bestimmten Persönlichkeitstyp unklar. Dieses Modell soll einerseits Elemente sichtbar machen, die der Selbsterkenntnis dienen und andererseits Faktoren entschlüsseln, die wichtig für die Zusammenarbeit mit anderen sind (Jung, 2014, S. 45).

1.4 Anwendung beider Ansätze in Personalauswahl und -entwicklung

Passt der Job zu mir? Passe ich zum Job? Die Antwort auf diese Fragen ist nicht nur für den Menschen selbst von hoher Relevanz, sondern auch für Unternehmen und deren Führungskräfte. Deshalb setzen immer mehr Firmen auf Persönlichkeitstest und -analysen, um für eine Stelle den möglichst passendsten Bewerber herauszufiltern. Doch - Persönlichkeitstests können sowohl zum Schaden als auch nutzbringend eingesetzt werden. Deshalb ist es wichtig, sowohl Herkunft und Zielsetzung als auch korrektes Anwendungsgebiet und das Einhalten wissenschaftlicher Qualität zu überprüfen.

Positiv bei der Anwendung im Allgemeinen ist die Zeitersparnis in der Durchführung und die bessere Vergleichbarkeit eines Tests gegenüber eines Interviews zu bewerten. Auch für den Bewerbenden ist ein Persönlichkeitstest weniger stressig als beispielsweise ein Leistungstest, bei dem innerhalb einer knapp bemessenen Zeitspanne geantwortet werden muss. Allerdings stellt sich die Frage, inwieweit eine Person sich selbst präzise zu beurteilen vermag, da mit einem subjektiven Blick auf sich geschaut wird, der sich nicht objektivieren lässt. So besteht einerseits das Risiko einer Selbstüberschätzung oder das Risiko der überkritischen „Tiefstapelei". Dies führt zur Frage, ob sich Eigenschaften überhaupt objektiv erfassen lassen (Simon, 2006, S. 43).

Ein weiterer Vorteil liegt im Erkennen von Verhaltensursachen, worauf sich etwaige Modifikationen und Interventionen stützen können, die eine bessere Entfaltung der persönlichen Stärken ermöglichen können. Sinnvoll eingesetzt kann sich dies nützlich für den gesamten beruflichen Werdegang, für Effektivität und Eigenmotivation darstellen (Hossiep & Weiß, 2017, S. 177; Jung, 2014, S. 45). Daneben gibt es auch Kritiker, deren Gegenargument beinhaltet, dass sich eine Persönlichkeit nie im Ganzen umfassend analysieren lässt, da Verhalten und Erleben zu komplexe, individuelle Vorgänge sind. Außerdem gibt es Bedenken hinsichtlich der Ehrlichkeit. Denn es besteht immer die

Möglichkeit, Optionen anzukreuzen, die vermeintlich sozial erwünscht sind. Dieser Effekt ist jedoch auch in Interviews oder anderen Situationen möglich (Hossiep & Weiß, 2017, S. 170–171). Dennoch können Persönlichkeitstests als Anhaltspunkt gelten und Orientierung in einer groben Einschätzung bieten, um zu erfassen, wie weit das Individuum vom Durchschnittswert abweicht (Simon, 2006, S. 42).

Weltweit betrachtet ist das Fünf-Faktoren-Modell das Tauglichste der aktuellen Forschung. Denn Eigenschaften können direkt gemessen werden, was eine genauere Einordnung der Persönlichkeit erlaubt, was wiederum zu einer besseren Mensch-Arbeitsplatz-Passung führen kann (Fehr, 2006, S. 115). Jedoch sind die Fragebögen auf Big Five-Basis breit und allgemein gefasst, was sich durch die fehlenden berufsbezogenen Fragen nachteilig auswirkt (Krause, 2017, S. 164). Das Qualitätskriterium Objektivität (Unabhängigkeit des Anwenders) wird bei beiden Modellen - Big Five und DISG - durch standardisierte, genau festgelegte Schritte in Durchführung, Auswertung und Interpretation gewährleistet, wobei hier keine übereinstimmende Einigkeit vorherrscht. Denn es gibt auch Forschende, die dem DISG-Modell lückenhafte Objektivität konstatieren (Becker & Zwank, 2021, S. 28; Fehr, 2006, S. 131; Gay et al., 2006, S. 173; König & Marcus, 2013, S. 305; Schuler, 2000, S. 49).

Das Gütekriterium Reliabilität bezieht sich auf die Zuverlässigkeit einer Messung. Laut Gay et al. (2006) gibt es beim DISG-Modell „zufriedenstellende bis gute Werte" (Gay et al., 2006, S. 173) zu verzeichnen und auch beim Modell der Big Five sind die Ergebnisse laut Fehr (2006) „unerwartet hoch" (Fehr, 2006, S. 132). Abgesehen von kleineren Ungenauigkeiten sind laut Testkuratorium der Föderation deutscher Psychologenvereinigungen bei beiden Modellen die Anforderungen zur Reliabilität weitgehend erfüllt (Andresen & Beauducel, 2008, S. 544; König & Marcus, 2013, S. 306).

Das dritte, zentrale Gütekriterium, die Validität, beschreibt den Sachverhalt, ob und wie genau der jeweilige Test das misst, was er messen soll. Hier finden König und Marcus (2013) innerhalb des DISG-Modells Unstimmigkeiten und fehlerhafte Ergebnisse, so dass sie die Validität als nicht erfüllt ansehen. Auch bei der Normierung fehlen hinsichtlich des DISG-Modells wichtige Informationen. Die Forschenden bezüglich des Big Five-Modells erhoffen sich zwar vom NEO-PI-R optimierende Faktoren, bewerten das Modell jedoch insgesamt als sehr gut konstruiert und weitgehend valide und damit in der Praxis einsetzbar (Andresen & Beauducel, 2008, S. 544).

Aufgrund fehlender empirischer Belege und lückenhafter Darstellungen kommen die Forschenden zu dem Entschluss von einer Anwendung des DISG-Persönlichkeitsprofils in der Personalentwicklung und -auswahl abzuraten (König & Marcus, 2013, S. 305–306).

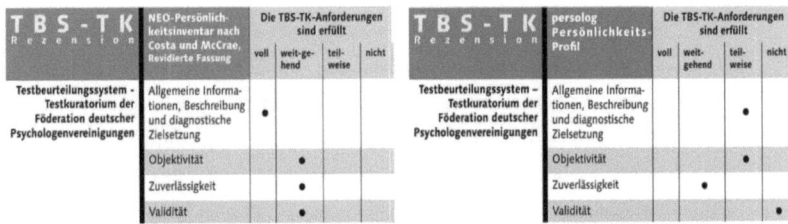

Abb.: 2	Testergebnis NEO-PI-R	Abb.: 3	Testergebnis DISG
Quelle:	Andresen, Beauducel, 2008, S. 544	Quelle:	König, Marcus, 2013, S. 306

Eine Persönlichkeitsanalyse sollte nie als alleiniger Entscheidungsträger herangezogen werden, sondern nur kombiniert mit anderen Verfahren, wie beispielsweise dem Interview, eingesetzt werden. Ein zusätzliches persönliches Gespräch ist in jedem Fall unerlässlich und zwingend notwendig (Hossiep & Weiß, 2017, S. 176).

Bedacht werden muss immer – bei allen Tests und Analysen – dass keine festzementierten Aussagen getroffen werden, sondern nur eine Verhaltensneigung in Erfahrung gebracht wird – eine reflektierte Betrachtung des Menschen ist unabdingbar (Simon S123).

2 Dunkle Triade – Konsequenzen im Unternehmen und Möglichkeiten zur Erkennung

Einzigartigkeit umfasst nicht nur die positiven, schillernden Seiten eines Menschen, sondern auch die dunklen, negativ behafteten Eigenschaften. Im folgenden Kapitel soll dargestellt werden, welche Persönlichkeitseigenschaften der Dunklen Triade zugeordnet werden und welche Auswirkungen sich am Arbeitsplatz ergeben, wenn Führungskräfte mit diesen Eigenschaften ausgestattet sind. Weiterhin sollen Methoden beschrieben werden, anhand derer Menschen mit dunklen Eigenschaften erkannt werden können.

2.1 Erläuterung „Dunkle Triade"

Der Begriff „Dunkle Triade der Persönlichkeit" wurde 2002 von den Forschern Paulhus und Williams generiert und umfasst drei Komponenten, welche die Schattenseite der Persönlichkeit charakterisieren: Narzissmus, Machiavellismus und Psychopathie. Diese werden als sich überschneidende, aber dennoch unterschiedliche Persönlichkeitseigenschaften beschrieben, mit einem gemeinsamen antisozialen Kern. Diesem Kern wird Empathielosigkeit, striktes Eigeninteresse, emotionale Kälte und manipulatives Verhalten zugeschrieben. Wird ein Zusammenhang zu den Big Five hergestellt, lässt sich erkennen, dass die drei Konstrukte negativ mit der Hauptdimension Verträglichkeit korrelieren (Externbrink & Keil, 2018, 3+16; Paulhus & Williams, 2002, S. 556).

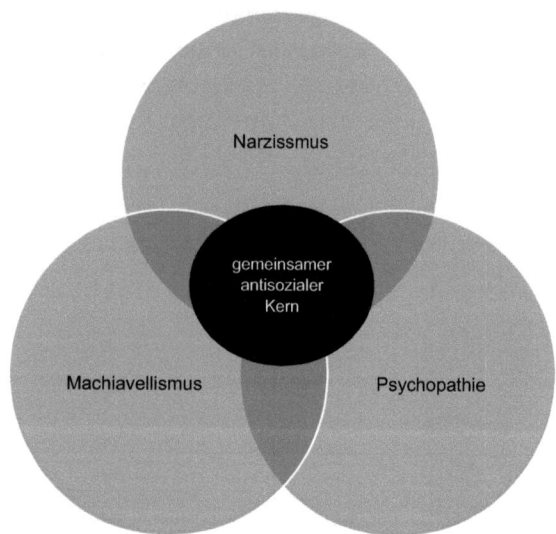

Abb.: 4   Dunkle Triade

Quelle: Eigene Darstellung in Anlehnung an Externbrink & Keil, 2018, S. 3

Bei den Eigenschaften der dunklen Triade handelt es sich um „stark, sozial unerwünschte Ausprägungen von Normalvarianten der Persönlichkeit" (Asendorpf, 2019, S. 143). Häufig wird bei Narzissmus und Psychopathie von subklinischen Eigenschaften gesprochen, was bedeutet, dass die Ausprägung noch unter „normal" zu verbuchen ist und keine krankhafte Persönlichkeitsstörung vorliegt. Jedoch sind die Übergänge oft fließend (Schüler-Lubienetzki & Lubienetzki, 2017, S. 40–41).

Narzissmus lässt sich grob mit Selbstüberschätzung, Überempfindlichkeit gegenüber Kritik, Stimmungsschwankungen und einem zwar positiven, aber fragilem Selbstwertgefühl beschreiben. Zudem lassen sich widersprüchliche Eigenschaften feststellen, wie beispielsweise Dominanz und Arroganz gegenüber einem charmanten, freundlichen Auftreten (Asendorpf, 2019, S. 143; Neyer & Asendorpf, 2018, S. 227–228).

Machiavellismus zeichnet ein Bild von zynischem, unehrlichem, ausbeuterischem, rücksichtslosem und kaltem Verhalten. Menschen mit dieser Ausprägung zeigen sich von äußeren Einflüssen unbeeindruckt und können aufgrund emotionaler Distanziertheit ihr erklärtes Ziel stets im Auge behalten. Um dieses zu erreichen, scheuen sie auch nicht vor Manipulation, Betrug und Lügen zurück (Asendorpf, 2019, S. 143; Schwarzinger, S. 41).

Psychopathisches Verhalten ist geprägt von einer Tendenz zu aggressivem Verhalten, von Kaltherzigkeit, Impulsivität, und beinhaltet eine ausgeprägte Gewaltneigung (Asendorpf, 2019, S. 143; Kruse, 2016, S. 18).

2.2 Dunkle Triade bei Führungspersonen und Auswirkungen auf das Unternehmen

Stresssituationen und belastende Umstände im Berufsleben sind prädestiniert, um „dunkle" Persönlichkeitseigenschaften hervortreten zu lassen. Forschende vermuten, dass Stress und Druck so viele kognitive Ressourcen binden, dass innerste Impulse nicht mehr unter Kontrolle gehalten werden können und das wahre Gesicht zum Vorschein kommt (Schwarzinger, S. 33).

Eine Führungsperson mit beispielsweise hoher narzisstischer Ausprägung hat einen starken Drang nach Selbstdarstellung und lechzt nach Anerkennung und Beifall. Da sie sich häufig zu Beginn einer beruflichen Zusammenarbeit smart, freundlich und charmant gibt, fällt es ihr laut verschiedener Studien leichter, in Führungspositionen zu gelangen. Dieser Mensch kann sein Talent schillernd verkaufen – auch unter Einsatz manipulativer und unethischer Elemente. Im Laufe einiger Zeit allerdings kann sich dieser positive erste Eindruck ins Gegenteil verkehren (Neyer & Asendorpf, 2018, S. 228; Schiemann & Jonas, 2020, S. 253).

Im Mittelpunkt zu stehen, verschafft dieser Führungskraft Befriedigung in ihrem unstillbaren Macht- und Statusdenken. Sie hält sich für unersetzlich, besonders und überaus bedeutsam für das Unternehmen. Ihre Selbstüberschätzung ist nahezu grenzenlos und die Bewunderungssucht fast unstillbar. Den vermeintlichen Neid anderer scheint die Person zu genießen, wobei sie auch selbst Neid empfinden kann. Laut Neyer & Asendorpf (2018) kann zwischen gutartigem Neid und bösartigem Neid unterschieden werden. Gutartiger Neid kann zu durchaus positivem Wettbewerb und somit zu Leistungssteigerung führen, während bösartiger Neid zu Feindseligkeit und schlechter Stimmung zwischen allen Beteiligten führen kann (Neyer & Asendorpf, 2018, S. 228).

Die zwischenmenschlichen Beziehungen der narzisstischen Führungskraft sind geprägt von Arroganz, Überheblichkeit, Skrupellosigkeit und starkem Anspruchsdenken. Diese Tendenzen, gepaart mit Empathielosigkeit, führen bei unterstellten Beschäftigten häufig zu einer verminderten Produktivität, depressiven Stimmungen und emotionaler Erschöpfung. Keinesfalls wird diese Führungsperson Fehler eingestehen oder ihren Einfluss beschneiden lassen. Aus ihrem Blickwinkel heraus dienen Mitarbeitende nur dazu, die eigene Machtposition zu festigen und auszubauen, denn eine hierarchische Struktur ist für sie ausschließlich dazu da, ihre Überlegenheit gegenüber anderen zu demonstrieren. Dazu werden Angestellte, wenn nötig, ausgebeutet, manipuliert und instrumentalisiert. (Schiemann & Jonas, 2020, S. 254; Schneck, 2018, S. 15; Schüler-Lubienetzki & Lubienetzki, 2017, S. 46–48).

Der positive Effekt einer Führungskraft mit Tendenzen zu Narzissmus ist ein starkes Auftreten und somit ein gutes Präsentieren des Unternehmens. Auch ein Hang zu Machiavellismus und Psychopathie hat positive Faktoren, indem solche Führungspersonen stets gewinn- und machtmaximierend denken und hohe Risiken nicht scheuen.

Doch – Führungskräfte mit Eigenschaften der dunklen Triade können durch eine starke Selbstüberschätzung (Narzissmus) oder rücksichtsloses, egoistisches Verhalten (Machiavellismus) oder Mobbing und Lügen (Psychopathie) ebenso fatale Fehlentscheidungen treffen und negative Konsequenzen für das gesamte Unternehmen auslösen. Auch können diese Eigenschaften zerstörerische Kräfte entfalten, wenn sie die Ausprägung einer krankhaften Störung annehmen. Erlebt die Führungskraft eine erfolglose Situation, kann im Extremfall aus narzisstischer Kränkung narzisstische Wut entstehen und dieser Mensch wird unberechenbar, was wiederum eine Gefahr für den Betrieb darstellen kann (Schiemann & Jonas, 2020, S. 254; Schüler-Lubienetzki & Lubienetzki, 2017, S. 49). Darüber hinaus kosten sowohl falsche Entscheidungen der Führungspersonen, als auch die Konflikte zwischenmenschlicher Art und der daraus resultierende höhere Krankenstand und eine höhere Fluktuationsrate unter den Beschäftigen einem Unternehmen sehr viel Geld (Nerdinger, Blickle & Schaper, 2019, S. 114; Schüler-Lubienetzki & Lubienetzki, 2017, S. 76–77).

Eine erste Maßnahme zum Erkennen solcher Persönlichkeiten liegt in der Einholung von Informationen über den Bewerbenden bei früheren Arbeitgebern sowie der Durchführung von psychometrischen Tests für Beschäftigte beziehungsweise Führungskräfte. In diesem Zusammenhang sollte eruiert werden, ob die anzustellende Person mit einem gewissen Maß an Resilienz ausgestattet ist. Das bedeutet, dass sie mit Kritik und Stress umzugehen weiß, was wiederum narzisstische und weitere dunkle Züge einschränken kann. Zudem ist Transparenz und Aufklärung über dieses Thema von Wichtigkeit.

Potenzielle Führungspersonen sollten über den Bereich „Dunkle Triade" über ausreichend Wissen verfügen und geschult werden, mögliche Charaktereigenschaften diesbezüglich zu identifizieren. Auch sollten Herausforderungen, Aufgabenstellungen und Erwartungen an die Tätigkeit der Führungsperson klar benannt werden, um Überraschungen zu vermeiden, welche andernfalls zu Stress führen könnten, was wiederum den Ausbruch schädigender Verhaltensweisen begünstigen könnte.

Nach der Personalauswahl kann es für das Unternehmen wichtig sein, Wert auf Förderung der Selbstbewusstheit legen, denn eine fundierte Selbsteinschätzung kann ebenso entgleisendem Verhalten entgegenwirken. Hat ein Betrieb eine Führungsperson mit stark ausgeprägten Eigenschaften der dunklen Triade eingestellt, sind Veränderungsoptionen beispielsweise mittels Choachingmaßnahmen nur schwer umsetzbar, da aus Sicht der Führungskraft die Fehler ausschließlich bei den anderen liegen (Externbrink & Keil, 2018, S. 85; Schiemann & Jonas, 2020, S. 256–257).

3   Intelligenz, deren Messung und der praktische Nutzen von Intelligenztests

Menschliche Intelligenz gehört zu den am besten wissenschaftlich untersuchten Persönlichkeitsmerkmalen und besitzt eine hohe Relevanz für Schul- und Arbeitsbereich sowie für persönlichen Lebenserfolg. Die Messung mittels spezieller Intelligenztests, welche im Folgenden skizziert werden, stellen ein sehr gutes diagnostisches Werkzeug der Psychologie dar. (Rost, 2009, S. VII). Anhand eines Beispiels soll ihr praktischer Nutzen beschrieben werden.

3.1 Beschreibung Intelligenz und deren Messung

Intelligenz ist ein komplexes Konstrukt, welches multifaktoriellen Einflüssen (Umwelt, Familie, Genetik, Kultur) unterliegt. Dies macht sowohl eine präzise Definition als auch eine exakte Messung nicht leicht.

Das Wort Intelligenz lässt sich vom lateinischen Begriff „intellegentia" ableiten, was „Einsicht, Verstand" bedeutet. Eine einheitliche wissenschaftliche Definition liegt nicht vor, da Intelligenz weder greifbar ist, noch offensichtlich gemessen werden kann, wie Größe oder Gewicht. Obwohl jede Kultur etwas anderes unter diesem Begriff versteht, ist allen gemeinsam, dass Intelligenz eine „mentale Eigenschaft" ist, „die in der Fähigkeit besteht, aus Erfahrung zu lernen, Probleme zu lösen und Wissen einzusetzen, um sich an neue Situationen anzupassen:" (Myers, 2014, S. 400–401).

Weitere Definitionsversuche beinhalten allgemeine angeborene, kognitive Fähigkeiten, Fähigkeiten zu abstraktem Denken, Fähigkeit zu hoher Bildung oder auch das Ergebnis eines Intelligenztests (Rost, 2009, S. 2–3). Dabei soll unter anderem stets die Schnelligkeit, Effizienz und Kapazität der individuellen Informationsverarbeitungsprozesse bedacht werden. So lautet eine Definition nach Rauthmann (2017): Intelligenz = „Integrierte Gesamtheit aller kognitiven Operationen (Aufnahme, Verarbeitung, Speicherung, Abruf, Kombination und Anwendung von Informationen) bezogen auf verschiedene Inhaltsbereiche (z.B. verbal, räumlich etc.), deren Ausmaß sich in nach objektiven Kriterien messbaren und auswertbaren Leistungen niederschlägt" (Rauthmann, 2017, S. 190).

Das Messen gestaltet sich insofern schwierig, als dass Intelligenz ein hypothetisches Konstrukt ist, was nur durch genaue Operationalisierung gemessen werden kann. Definiert werden kann ein Intelligenztest, als „ein Verfahren, um die geistigen Fähigkeiten eines Menschen zu erfassen und sie anhand numerischer Testwerte mit denen anderer zu vergleichen." (Myers, 2014, S. 401).

Bei diesen Verfahren existiert eine Vielzahl von Unterteilungen. So gibt es unter anderem Tests für Kinder, Jugendliche oder Erwachsene, Gruppen- und Einzeltests, sprachabhängige und sprachunabhängige Tests. Die meisten Intelligenztests bestehen aus Kombination von einzelnen Tests, die jeweils verschiedene Merkmalsbereiche messen. Probanden müssen hierbei relativ kurze Aufgaben innerhalb unterschiedlicher Aufgabentypen in einer bestimmten Zeitspanne lösen. Dies umfasst zum Beispiel logisches Schlussfolgern, Gemeinsamkeiten erkennen, Zahlenreihen fortsetzen, Analogien bilden und vieles mehr, wobei kulturspezifisches Basiswissen berücksichtigt wird (Bosley & Kasten, 2016, S. 7; Gruber & Stamouli, 2020, S. 38).

Ziel eines IQ-Tests ist der Vergleich zwischen Probanden, um Leistungsdefizite oder ein übergroßes Leistungspotenzial zu identifizieren sowie das Schaffen einer Möglichkeit zur Vorhersage für schulische oder berufliche Leistungen. In der Durchführung, bereitgestellter Zeit, Rahmenbedingungen und Auswertungsrichtlinien sind die Tests standardisiert, um wissenschaftlichen Gütekriterien zu entsprechen und um die Unterschiede bei den Ergebnissen auf die zu testenden Personen zurückführen zu können (Maltby et al., 2011, S. 561–562). Neben den Gütekriterien Objektivität, Reliabilität und Validität muss ein Intelligenztest eine hohe Sensitivität (Empfindlichkeit) und Spezifität besitzen sowie an einer repräsentativen Vergleichsgruppe normiert sein.

Da der Durchschnittswert der Intelligenz bei 100 liegt (siehe Abbildung), kann anhand der Abweichungen vom Mittelwert der Proband bezüglich seiner intellektuellen Fähigkeiten eingeschätzt werden.

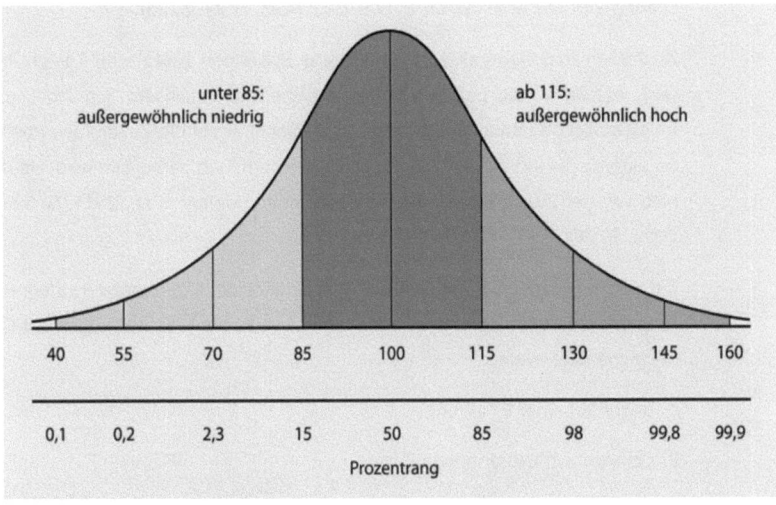

Abb.: 5   Normalverteilung des Intelligenzquotienten

Quelle: Bosley & Kasten, 2016, S. 8

3.2   Vorstellung einer traditionellen Theorie und eines alternativen Ansatzes

Die Wissenschaft bemüht sich seit 1865 dieses Konstrukt messbar zu machen. In dieser Zeit legte Sir Francis Galton (1822 - 1911) den Grundstein (Maltby et al., 2011, S. 502). Weitere Forschende bauten auf diesen Grundlagen auf, entwickelten Intelligenztheorien, prägten Begriffe wie „Intelligenzquotient" (IQ) und erweiterten vorhandene Tests und Datenlagen.

Ein bedeutender Forscher auf dem Gebiet der Intelligenz war Charles Spearman (1863 - 1945). Er entwickelte die Theorie des generellen Intelligenzfaktors (g-Faktor) und vertrat den Ansatz, dass jeder Mensch eine allgemeine Intelligenz besitzt. Er stellte die Hypothese auf, dass nahezu alle Aufgaben, die mittels intellektueller Fähigkeiten gelöst werden können, miteinander zusammenhängen. Dies bedeutet, dass es eine Art Basis-Intelligenz-Niveau oder „mentale Energie", wie Spearman sagt, gibt, welche sich durch eine positive Korrelation unterschiedlicher Aufgabenbereiche nachweisen lässt. Aufgrund dieses g-Faktors können Menschen Zusammenhänge erkennen und Schlussfolgerungen ziehen. Bis heute wurde Spearmans Hypothese der „positiven Mannigfaltigkeit" vielfach bestätigt und ist „das am besten gesicherte Ergebnis der Intelligenzforschung" (Maltby et al., 2011, S. 509–510; Rost, 2009, S. 25).

Zusätzlich zum Generalfaktor identifizierte Spearman spezifische Fähigkeiten (s-Faktoren), welche für die Leistung in Teilbereichen der Intelligenz (sprachliche, räumliche, mathematische usw.) verantwortlich sind. Somit ergibt die Zusammenarbeit von g- und s-Faktoren die individuelle Leistung, die in einem Test gemessen wird. Häufig wird deshalb von der Zwei-Faktorentheorie gesprochen (Maltby et al., 2011, S. 509–510; Rost, 2009, S. 26).

Ein Kritikpunkt an Spearmans Theorie ist eine fehlende differenzierte theoretische Erklärung des Generalfaktors. Spearman selbst beschreibt drei basale geistige Operationen, die g charakterisieren:

1. Begreifen einer Erfahrung

2. Ableiten von Beziehungen

3. Entdecken von Zusammenhängen.

Seine Idee wurde weiterentwickelt und noch heute basieren einige gängige Tests auf den Forschungsergebnissen Spearmans. (Rost, 2009, S. 29–30).

Neben diesem „traditionellen" Ansatz stellte Howard Earl Gardner (1943) eine „alternative" Theorie auf. Er vertrat den Ansatz von multiplen Intelligenzen. Seiner Meinung nach besitzen Menschen keinen Generalfaktor, sondern mehrere Arten von Intelligenzen, von denen bisher nur drei in Intelligenztests überprüft werden. Somit würden Kinder oder Erwachsene mit Stärken in anderen Bereichen eine Benachteiligung in der Einschätzung erfahren (Maltby et al., 2011, S. 535).

Insgesamt hält Gardner neun Intelligenzen für möglich (in manchen Fachbüchern variiert die Zahl):

1. Sprachlich–linguistische Intelligenz (exakter Einsatz von Sprache)

2. Logisch–mathematische Intelligenz (Fähigkeit, mit Zahlen und Mengen umzugehen)

3. Bildlich–räumliche Intelligenz (akkurate Wahrnehmung & Übertragung der Umgebung

4. Musikalisch–rhythmische Intelligenz (Gespür und Gehör für Rhythmik und Klang)

5. Körperlich-kinästhetische Intelligenz (Kontrolle und Koordination des Körpers)

6. Interpersonale Intelligenz (Verstehen und Kommunikation mit anderen Menschen)

7. Intrapersonale Intelligenz (Kontrolle eigener Impulse, Umgang mit eigenen Gefühlen)

8. Naturalistische Intelligenz (Sensibilität für Natur und ihre Lebewesen)

9. Existenzialistische Intelligenz (Fähigkeit, über die eigene Existenz zu reflektieren) (Bosley & Kasten, 2016, S. 15)

Gardner beschreibt, dass jede der neun Intelligenzen eigenständig arbeitet, jedoch bei Notwendigkeit mit anderen Intelligenzen interagieren und zusammenwirken könne. Zudem könne eine gleiche Ausprägung einer Intelligenz bei verschiedenen Personen trotzdem unterschiedliche Bevorzugungen hervorrufen. Rein theoretisch ließe sich jede Intelligenz separat messen. Gängige IQ-Tests wären dafür jedoch ungeeignet, da sie auf der Theorie eines generellen Intelligenzfaktors basieren.

Kritische Stimmen bemängeln eine fehlende umfassende empirische Untersuchung dieser Theorie, die somit als nicht valide eingestuft werden müsse und allenfalls als allgemeiner theoretischer Entwurf betitelt werden könne. Außerdem fänden es manche Forschende treffender, von Fähigkeiten anstatt von Intelligenzen zu sprechen (Gruber & Stamouli, 2020, S. 31; Kail & Pellegrino, 1989, S. 166; Maltby et al., 2011, S. 535–536). Zudem stören sich manche Wissenschaftler*innen daran, dass Gardner seine Ideen als neu bezeichnet, obgleich viele Parallelen zu traditionellen Ansätzen früherer Forschender gezogen werden können. Weitere Kritikpunkte sind eine festgestellte Korrelation der multiplen Intelligenzen, was eine gegenteilige Behauptung zu Gardners Meinung darstellt sowie eine vorschnelle öffentliche Verbreitung seiner Ansichten. Weiterhin wird Gardner damit konfrontiert, er hätte falsche Behauptungen aufgestellt, mangelhafte Messversuche verübt und unbefriedigende Resultate erzielt. Die beschriebenen Punkte führen dazu, dass Gardner von vielen Intelligenzforscher*innen nicht ernst genommen wird und seine Ansichten zuweilen unsinnig und esoterisch genannt werden (Rost, 2009, S. 94–107).

Eine Herausforderung bestehender und zukünftiger Ansätze besteht darin, gewonnene wissenschaftlich fundierte Erkenntnisse auf Schulsysteme und Bildungswesen zu übertragen, um so den vielfältigen und unterschiedlich ausgeprägten Stärken von Kindern und Erwachsenen gerecht zu werden.

3.3 Nützlichkeit eines Intelligenztests anhand eines Beispiels

Der erste Intelligenztest wurde 1904 von Galton für Kinder entwickelt, wohingegen die spätere Verwendung zur Zeit des ersten Weltkriegs bei der Beurteilung von Soldaten lag, um sie besser bestimmten Aufgabengebieten zuweisen zu können. Heutzutage werden Intelligenztests häufig im schulischen Bereich eingesetzt, da führende Wissenschaftler*innen nahezu einhellig der Meinung sind, dass g mit den gebräuchlichen IQ-Tests objektiv, reliabel und valide gemessen werden kann und der IQ ein maßgeblicher, guter Prädiktor für zukünftige Schulleistungen, Ausbildungserfolg und diverse Berufsanforderungen darstellt (Rost, 2009, S. 218).

So kommen häufig Intelligenztests in der Arbeitswelt zum Einsatz, wenn es darum geht, kognitiv anspruchsvolle Posten in einem Unternehmen zu besetzen. Allerdings sollte das Ergebnis lediglich als Orientierungshilfe und Anhaltspunkt gelten und nur zusammen mit persönlichen Gesprächen und anderen Optionen wie zum Beispiel Interviews eine Gesamteinschätzung formen (Rost, 2009, S. 218).

Des Weiteren liegt ein praktischer Nutzen von IQ-Tests darin, sowohl minderbegabte als auch hochbegabte Kinder identifizieren und einen möglichen Erklärungsversuch für manches Verhalten erhalten zu können. Die Erkenntnis des IQ stößt jedoch dann auch schon an Grenzen, da sich konkrete Maßnahmen zur Förderung und Forderung dieser Kinder nicht ableiten lassen, weil auch diese Gruppe in sich sehr heterogen erscheint (Bosley & Kasten, 2016, S. 23). Außerdem ist die Gefahr groß, den Kindern mit diesem Ergebnis einen Stempel aufzudrücken, der sie möglicherweise unter Druck setzen kann – auch was die Erwartungen ihrer Umwelt an sie betrifft.

Dies musste auch Magdalena H. (12 Jahre) erfahren. Bei ihr kamen viele Anzeichen für Hochbegabung zusammen: Geringes Schlafbedürfnis, unstillbarer Wissensdurst, hohe Sprachfertigkeit mit bereits 2 Jahren, stark ausgeprägtes Aggressionspotenzial bei Unterforderung, große Langeweile im Kindergarten und vieles mehr. Die Eltern stießen stets auf Unverständnis beim Versuch, sie frühzeitig einschulen zu dürfen. Erst ein IQ-Test mit einem Ergebnis von 133 konnte die Schule dazu bewegen, Magdalena im April

2017 - mitten im Schuljahr - in die erste Klasse aufzunehmen, nachdem sie im Kindergarten mittlerweile unter einer Depression litt, rund um die Uhr weinte und Bauchschmerzen hatte.

Magdalena war zu diesem Zeitpunkt ihren Mitschülern bereits voraus, was sich in der zweiten Klasse zu starken seelischen Qualen auswuchs, so dass ihre Augen die Arbeit einstellten und sie nur noch eine Sehleistung von 50 % hatte. In der 3. Klasse wollte das Mädchen nicht mehr leben. Zur Unterforderung kam starkes Mobbing hinzu und die Eltern baten um Gespräche, um ein Springen in die 5. Klasse Gymnasium zu erwirken, fanden jedoch wieder erst nach einem erneuten IQ-Test Gehör.

Weitere Intelligenztests und Assessment-Center folgten, da Magdalena gerne auf ein Hochbegabten-Internat gehen wollte, um sich endlich nicht mehr so fremd zu fühlen und irgendwo dazuzugehören. Die meisten speziellen Schulen legen neben vielen weiteren Kriterien einen hohen IQ als Voraussetzung fest, um einen Platz ergattern zu können. An den Schulen werden ausschließlich eigene, vor Ort durchgeführte Tests akzeptiert (Magdalena H., persönliche Kommunikation, 28.03.2023).

Abschließend ist festzuhalten, dass ein IQ-Test - sinnvoll eingesetzt - nützlich ist, um Türen zu öffnen und Möglichkeiten auszuprobieren. Er kann als Vorhersage und grobe Einschätzung für zukünftige (schulische) Leistungen dienen. Welche Interventionen daraufhin ergriffen werden können und ob diese Maßnahmen von Erfolg gekrönt sein werden - darüber lässt sich keine Aussage treffen.

In jedem Falle sollte Intelligenz niemals als alleiniger Faktor für Erfolg und Zufriedenheit im Leben angesehen werden, sondern lediglich als ein Mosaiksteinchen im Gesamtbild des Lebens (Bosley & Kasten, 2016, S. 96).

Literaturverzeichnis

Andresen, B. & Beauducel, A. (2008). *Neo-Persönlichkeitsinventar nach Costa und McCrae, revidierte Fassung (NEO-PI-R)* (report psychologie, 11/12, 543-544). Verfügbar unter: https://www.bdp-verband.de/fileadmin/user_upload/bdp/website/dokumente/pdf/profession/testrezensionen/l-p/neopir.pdf

Asendorpf, J. (2019). *Persönlichkeitspsychologie für Bachelor* (Springer-Lehrbuch, 4. vollständig überarbeitete Auflage). Berlin, Heidelberg: Springer Berlin Heidelberg.

Becker, B. & Zwank, J. (2021). *Grundlagen der Differentiellen und Persönlichkeitspsychologie* (2. Auflage). Studienbrief der SRH Fernhochschule. Riedlingen.

Bosley, I. & Kasten, E. (2016). *Intelligenz testen und fördern. Ein Elternratgeber mit Übungsaufgaben für Kinder und Jugendliche ab 6 Jahren.* Berlin, Heidelberg: Springer Berlin Heidelberg.

Externbrink, K. & Keil, M. (2018). *Narzissmus, Machiavellismus und Psychopathie in Organisationen. Theorien, Methoden und Befunde zur dunklen Triade.* Wiesbaden: Springer Fachmedien Wiesbaden; Imprint; Springer.

Fehr, T. (2006). Big Five: Die fünf grundlegenden Dimensionen der Persönlichkeit und ihre 30 Facetten. In W. Simon (Hrsg.), *Persönlichkeitsmodelle und Persönlichkeitstests. 15 Persönlichkeitsmodelle für Personalauswahl, Persönlichkeitsentwicklung, Training und Coaching* (S. 113–135). Offenbach: Gabal Verlag GmbH.

Gay, F., Ott, L. & Wittmann, R. (2006). Das DISG Persönlichkeitsprofil. In W. Simon (Hrsg.), *Persönlichkeitsmodelle und Persönlichkeitstests. 15 Persönlichkeitsmodelle für Personalauswahl, Persönlichkeitsentwicklung, Training und Coaching* (S. 159–178). Offenbach: Gabal Verlag GmbH.

Gruber, H. & Stamouli, E. (2020). Intelligenz und Vorwissen. In E. Wild & J. Möller (Hrsg.), *Pädagogische Psychologie* (3., vollständig überarbeitete und aktualisierte Auflage, S. 26–44). Berlin: Springer.

Hossiep, R. & Weiß, S. (2017). Testverfahren II: Persönlichkeit und personenbezogene Attribute. In D. E. Krause (Hrsg.), *Personalauswahl. Die wichtigsten diagnostischen Verfahren für das Human Resources Management* (S. 159–180). Wiesbaden: Springer Fachmedien Wiesbaden; Imprint: Springer Gabler.

Jung, H. (2014). *Persönlichkeitstypologie. Menschenkenntnis als Instrument der Mitarbeiterführung* (4., aktualisierte und erweiterte Auflage). Berlin: DE GRUYTER OLDENBOURG.

Kail, R. V. & Pellegrino, J. W. (1989). *Menschliche Intelligenz. Die drei Ansätze der Psychologie* (2. Aufl.). Heidelberg: Spektrum der Wiss.

König, C. J. & Marcus, B. (2013). *BS-TK Rezension: »Persolog Persönlichkeits-Profil«* (7/8, 305-306). Verfügbar unter: https://www.bdp-verband.de/fileadmin/user_upload/BDP/website/dokumente/PDF/Profession/Testrezensionen/L-P/ppp.pdf

Krause, D. E. (Hrsg.). (2017). *Personalauswahl. Die wichtigsten diagnostischen Verfahren für das Human Resources Management.* Wiesbaden: Springer Fachmedien Wiesbaden; Imprint: Springer Gabler.

Kruse, S. (2016). *Die Dunkle Triade im Dienstleistungskontext. Einfluss auf die Emotionsarbeit und Konsequenzen für den Angestellten* (BestMasters, 1. Aufl. 2016). Wiesbaden: Springer Fachmedien Wiesbaden; Imprint: Springer Gabler.

Laux, L. & Renner, K.-H. (2015). Persönlichkeitspsychologie. In A. Schütz (Hrsg.), *Psychologie. Eine Einführung in ihre Grundlagen und Anwendungsfächer* (5., überarbeitete und erweiterte Auflage). Stuttgart, [Germany]: Verlag W. Kohlhammer.

Maltby, J., Day, L. & Macaskill, A. (2011). *Differentielle Psychologie, Persönlichkeit und Intelligenz* (PS Pearson Studium. Psychologie, Bd. 4050, 2., aktualisierte Aufl.). Hallbergmoos: Pearson Deutschland.

Myers, D. G. (2014). *Psychologie. Mit 48 Tabellen* (Springer-Lehrbuch, 3., vollst. überarb. und erw. Aufl.). Berlin, Heidelberg: Springer.

Nerdinger, F. W., Blickle, G. & Schaper, N. (2019). *Arbeits- und Organisationspsychologie* (Springer-Lehrbuch, 4., vollst. überarb. Auflage 2019). Berlin, Heidelberg: Springer Berlin Heidelberg.

Neyer, F. J. & Asendorpf, J. B. (2018). *Psychologie der Persönlichkeit* (Springer-Lehrbuch, 6. Aufl. 2018). Berlin, Heidelberg: Springer Berlin Heidelberg; Imprint; Springer.

Paulhus, D. L. & Williams, K. M. (2002). *The Dark Triad of personality: Narcissism, Machiavellianism, and psychopathy,* Department of Psychology, The University of British Columbia. 556-563. Verfügbar unter: https://www.sciencedirect.com/science/article/abs/pii/S0092656602005056

Pervin, L. A. & Schäfer-Killius, G. (1987). *Persönlichkeitstheorien. Freud, Adler, Jung, Rogers, Kelly, Cattell, Eysenck, Skinner, Bandura u.a* (UTB für Wissenschaft. Grosse Reihe, 2., neubearb. Aufl.). München, Basel: E. Reinhardt.

Rauthmann, J. F. (2016). *Grundlagen der Differentiellen und Persönlichkeitspsychologie. Eine Übersicht für Psychologie-Studierende* (Essentials, 1. Aufl. 2016). Wiesbaden: Springer Fachmedien Wiesbaden.

Rauthmann, J. F. (2017). *Persönlichkeitspsychologie: Paradigmen - Strömungen - Theorien* (Springer-Lehrbuch). Berlin, Heidelberg: Springer Berlin Heidelberg; Imprint; Springer.

Rost, D. H. (2009). *Intelligenz. Fakten und Mythen* (Grundlagen Psychologie, 1. Originalausgabe). Weinheim: Beltz.

Saum-Aldehoff, T. (2007). *Big five. Sich selbst und andere erkennen.* Düsseldorf: Patmos.

Schiemann, S. J. & Jonas, E. (2020). Streben nach Macht fern von Ethik: Die „dunkle Triade" bei Führungskräften und die Folgen für Organisationen. *Organisationsberatung, Supervision, Coaching, 27*(2), 251–263. https://doi.org/10.1007/s11613-020-00653-9

Schmukle, S. (2023, 26. März). *Persönlichkeitstest.* Zugriff am 26.03.2023, Universität Leipzig. Verfügbar unter: https://www.lw.uni-leipzig.de/wilhelm-wundt-institut-fuer-psychologie/arbeitsgruppen/persoenlichkeitspsychologie-und-psychologische-diagnostik/persoenlichkeitstest

Schneck, C. (2018). *Coaching und Narzissmus. Psychologische Grundlagen und Praxishinweise für Management-Coaches und Berater.* Berlin: Springer.

Schuler, H. (2000). *Psychologische Personalauswahl. Einführung in die Berufseignungsdiagnostik* (Wirtschaftspsychologie, 3., unveränd. Auflage). Göttingen: Hogrefe.

Schüler-Lubienetzki, H. & Lubienetzki, U. (2017). *Schwierige Menschen am Arbeitsplatz. Handlungsstrategien für den Umgang mit herausfordernden Persönlichkeiten* (2. Aufl. 2017). Berlin, Heidelberg: Springer Berlin Heidelberg; Imprint: Springer.

Schwarzinger, D. *Die Dunkle Triade der Persönlichkeit in der Personalauswahl. Narzissmus, Machiavellismus und subklinische Psychopathie am Arbeitsplatz* (Wirtschaftspsychologie).

Simon, W. (Hrsg.). (2006). *Persönlichkeitsmodelle und Persönlichkeitstests. 15 Persönlichkeitsmodelle für Personalauswahl, Persönlichkeitsentwicklung, Training und Coaching.* Offenbach: Gabal Verlag GmbH.

BEI GRIN MACHT SICH IHR
WISSEN BEZAHLT

- Wir veröffentlichen Ihre Hausarbeit,
  Bachelor- und Masterarbeit

- Ihr eigenes eBook und Buch -
  weltweit in allen wichtigen Shops

- Verdienen Sie an jedem Verkauf

Jetzt bei www.GRIN.com hochladen
und kostenlos publizieren